Pietro Mantovani

Perle di digital marketing

Dall'email-marketing alla SEO, consigli e trucchi per chi inizia

Alessia Donzelli - suggerimenti e revisione bozze
Julia Margaret Pagliuca – fotografia di copertina

Grazie a:
Michele Lazzaro
Daniele Ghezzi
Massimiliano Angelini
Daniele Maccioni
Carlo Cioni
Vahid Rhoani
…e a Trenitalia che, grazie ai tanti ritardi, mi ha fornito il tempo per poter scrivere questo libro.

Cosa troverai in questo libro

Questo libro non è il classico testo di marketing che trovi nei corsi universitari. Non è esaustivo, non parla di storia del marketing e nemmeno del diamante di Porter.
Leggendolo, troverai infatti delle regole, pratiche, apprese in anni di esperienza come Digital Marketing Manager in molti settori. Si tratta di indicazioni spesso in apparenza molto semplici, che potrai mettere in atto velocemente. Sono assolutamente valide per qualsiasi settore: aziende BtoB, BtoC, e-commerce e non.
Non ci sono vincoli per l'ordine di lettura, puoi scorrere l'indice e passare direttamente alle sezioni che più ti interessano.
Anche se un po' a malincuore, ho utilizzato spesso termini inglesi: sono quelli maggiormente utilizzati ed è bene abituarcisi.

Indice

Le email..7
   L'oggetto...7
   Il contenuto: come scrivere una buona email.......................7
   Quando inviare un'email..11
Landing page...13
Le immagini...17
   Le immagini nelle email..17
   Le immagini nel sito web...17
   Formato delle immagini..17
   Dimensione delle immagini e dei file................................18
   Il nome delle immagini..18
Le Call To Action...21
Comunicare..23
   A.I.D.A..23
      Interesse..24
      Desiderio..24
      Azione..24
Caratteristiche, vantaggi e benefici.....................................27
Web analytics..29
   I tool principali..30
      Google Analytics...30
      Google search console..31
      Google Tag manager..31
      Tool vari...32
Il sito web..35
   Quanto costa un sito web? 35
   CMS o sviluppo custom?..36
SEO..39
   La giusta terminologia..41

Ottimizzazione...43
I link..44
Content marketing..45
    Una semplice strategia per scrivere contenuti..............47
Velocità del sito..48
    Rich snippet...50
Le parole chiave...53
    Cos'è una parola chiave...53
    Come cercare le parole chiave...53
    Strumenti utili per la ricerca di parole chiave.......................55
    Le parole chiave dei competitor..57
    Le penalizzazioni..59
Marketing management...61
    Business plan, perché averlo..61
    La gestione operativa...62
    Kanban e gestione agile...62
    Le riunioni del team..64
        Weekly meeting..64
        Daily meeting..65
        Retrospettiva team..65
Letture consigliate..67
Piccolo glossario di digital marketing....................................69
L'autore..73

Le email

L'invio di email è tuttora uno degli strumenti più potenti tra quelli a disposizione di chi lavora nel digital marketing. Se usato correttamente, è estremamente efficace: porta vendite, registrazioni, nuovi contatti, etc.. Purtroppo, nella stragrande maggioranza dei casi viene usato male, da tutti i punti di vista.

Ci sono tre aspetti fondamentali che vanno considerati in relazione al loro preciso scopo:

- L'oggetto
- Il contenuto dell'email
- La landing page

L'oggetto

È la prima (e forse l'unica) cosa che vede l'utente. Dopo aver letto l'oggetto, l'utente **decide se leggere o meno** la nostra email.

Il contenuto: come scrivere una buona email

Un esempio negativo:

> Tra i nostri clienti, grandi e piccole aziende nel settore dell'informatica e della comunicazione
>
> *Nella nostra esperienza trentennale abbiamo lavorato anche*

> *per università, istituti di ricerca, case editrici, musei, società sportive, aziende operanti nei settori della moda e del lusso, uffici brevetti internazionali, studi di progettazione, banche, enti pubblici, ecc..*
>
> *<u>Ci occupiamo di traduzioni dal 1985</u> e disponiamo un'equipe di oltre 200 traduttori e interpreti professionisti specializzati nei più diversi settori, che traducono verso la loro lingua madre. Collaboriamo inoltre con più di 100 agenzie di traduzioni in Francia, Svizzera, Germania, Austria, Belgio, Olanda, Regno Unito, Spagna, Danimarca, Norvegia, Svezia, Polonia, U.S.A., Cina, Giappone, ecc..*
>
> *Se siete interessati ad una collaborazione con la nostra azienda siamo disponibili anche ad incontrarvi presso la vostra sede. Ci teniamo naturalmente a vostra disposizione per qualsiasi ulteriore informazione e/o chiarimento.*
>
> *Un cordiale saluto*
>
> *Pinco Pallino*
>
> *Azienda Srl*

Non faccio un'analisi punto per punto degli errori, preferisco parlare di quello che è corretto fare (non posso però tacere sul plurale "se siete interessati.." non dimenticare mai che parliamo sempre a una persona, non a un'azienda).

Inviare un'email a una persona è un atto di comunicazione. Devi per prima cosa conoscerla, dopodichè devi:

- Dirle **perchè** le stai scrivendo.
- Parlarle di **cose che le interessano**. Dedicherei un intero capitolo a questo argomento: sembra impossibile, ma quasi tutte le comunicazioni promozionali parlano di quello che vorrebbe sentirsi dire l'imprenditore, e per questo falliscono.
- Dire **cosa vogliamo da lei**.

Ai venditori USA piace dire "Everyone's favorite radio station is WII-FM." Si riferiscono all'acronimo WIIFM: "What's in it for me?" e con "me" non intendono tu, il venditore, ma il potenziale cliente!

Vediamo però come scrivere un testo efficace.

Abbiamo detto che è necessario conoscere la persona: non intendo chiaramente che dobbiamo essere amici o aver pranzato insieme, ma dobbiamo sapere quali sono i suoi interessi, le sue esigenze, i suoi problemi.
Il marketing moderno ha creato due concetti che ci aiutano a identificare il nostro interlocutore/cliente in modo semplice ed efficace: **marketing persona** e **pain point**.
Le persona sono personaggi fittizi utilizzati per rappresentare un pubblico target reale. Vengono utilizzate per riassumere e comunicare in modo sintetico e digeribile la ricerca su quel pubblico specifico. In realtà, per un'azienda BtoB ti consiglio di scegliere alcuni soggetti reali, che siano esemplari di una tipologia di cliente (per es. il responsabile ufficio acquisti, il CEO, etc.)
Un pain point è un problema specifico che i potenziali clienti della tua azienda stanno incontrando

Facciamo un esempio: vendiamo prodotti di arredo e vogliamo presentarli ad architetti, mettiamo di fascia lusso, che potenzialmente potrebbero proporli ai loro clienti. Qual è il pain point in questo caso? Probabilmente i clienti del professionista sono molto esigenti in termini di esclusività. Al tempo stesso, l'architetto si deve distinguere (per il diverso tipo di servizio offerto) dal geometra. Quindi possiamo dire che pain point sono legati all'esclusività e alla distinzione.

Gentile Architetto,

Le scrivo perchè il suo studio ASB si distingue per una clientela molto esigente, sempre alla ricerca di soluzioni esclusive.

Ok, ho definito il pain point, il "problema". Ma ora devo trovare un "gancio",

Gentile Architetto,

Sono PM di ABC arredo,

Le sto scrivendo perché in ABC arredo stiamo ricevendo un numero molto elevato di richieste da parte di clienti interessati alla nostra linea Lusso Arredo, e vorremmo parlarne con lei per valutare una possibile collaborazione.
Un incontro è la migliore soluzione per parlarne, le potrebbe essere comodo il 15 maggio alle 9:30?

Qualsiasi sia il settore al quale ti rivolgi, e qualsiasi siano gli obiettivi del tuo messaggio, ricordati sempre che quello che conta è ciò che interessa al tuo target, non quello che interessa a te! Se stai promuovendo un annuncio per una posizione lavorativa, cerca di entrare nei panni di chi sta cercando un lavoro: quale potrebbe essere la frase che lo attrae?

Due parole, infine, sull'invio di email indesiderate: non farlo, non sono efficaci. Il trucco per campagne email di successo è quello di inviarle a chi è davvero interessato (nel marketing diciamo "al pubblico in target"). Inoltre, inviando email in modo massivo a chi non ti ha autorizzato, rischi di essere blacklistato (vedi glossario: Blacklist), un problema molto grave a volte ignorato.

PERLA: prova a scrivere meno parole possibili, ripeto, per una volta prova a scrivere pochissimo. Una riga, perchè no? Provaci! È più difficile di quello che pensi, ma i risultati potrebbero essere molto positivi.

Quando inviare un'email

Chiaramente sto parlando di newsletter, o comunque di invii pubblicitari. Non c'è purtroppo né un giorno migliore né un orario migliore. Quello che puoi fare è inviare molte email e, nel tempo, fare una statistica di quali hanno ottenuto i risultati migliori. Ma anche questo metodo non è assolutamente perfetto, lo sarebbe se inviassi sempre la stessa email!

PERLA: chiediti quale potrebbe essere il momento peggiore per ricevere un'email. Certo dipende dal destinatario, ma per esempio la maggior parte di noi, il lunedì mattina appena arriva in azienda, si trova a cancellare centinaia di messaggi. Quindi, evita di mandare email durante il weekend o in prima mattinata del lunedì se sono destinate a un pubblico business.

Nota di colore: per uno degli invii di maggior successo che ho fatto, sbagliai fuso orario e invia l'email di notte. Tanto per dimostrare che una vera regola non esiste.

Landing page

La struttura di una landing page è fondamentale per la riuscita di qualsiasi campagna, e anche qui, come per l'email marketing, è fondamentale concentrarsi sulla **conversazione** che si ha con l'utente.

Una landing page deve essere vista come un **viaggio**, un percorso che l'utente segue per arrivare a compiere quell'azione, che è il nostro obiettivo: acquisto di un prodotto o servizio, iscrizione a una newsletter, scaricare un manuale, etc.

Dobbiamo accompagnare l'utente durante il viaggio, tenendo presente che l'utente **potrebbe acquistare in ogni fase del percorso** e che chi è meno convinto ad eseguire l'azione potrebbe necessitare di maggiori informazioni e **leggere tutta la landing page** fino all'ultima riga. Da queste considerazioni, due regole fondamentali:

- Inserire la Call To Action in più punti del percorso
- Inserire informazioni mirate a convincere gli "indecisi" nelle ultime sezioni della pagina (per esempio i testimonials, oppure delle one time offer).

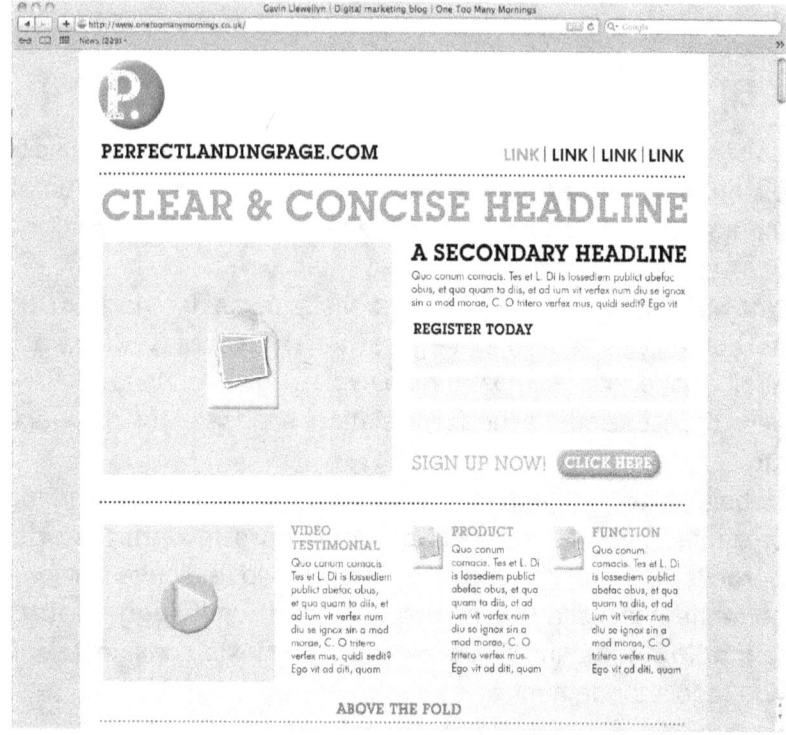
Image courtesy of Gavin Llewellyn (CC) www.onetoomanymornings.co.uk

Un approccio utile per realizzare il testo della landing page è quello suggerito dalla strategia AIDA (vedi pag.23)

Anche per la landing page vale il suggerimento dato per l'email marketing: tieni sempre presente la regola WII FM "What's in it for me?": se vuoi l'attenzione del cliente devi sempre pensare come se fossi al suo posto.

Per realizzare una landing page efficace è poi indispensabile una corretta analisi caratteristiche benefici che dovrai comunicare ben in evidenza (ne parlo a pag.27).

Ricorda sempre come un mantra: le persone sono interessati ai loro problemi, non alle caratteristiche dei tuoi prodotti!

PERLA: offrire una guida gratuita (magari in un social post), senza chiedere la registrazione utente. Nella landing avremo l'accortezza di inserire i pixel per il remarketing ed il gioco è fatto: avremo un'audience in target da utilizzare per le nostre prossime campagne.

Le immagini

Le immagini nelle email

Non sono un fan delle immagini, quando parliamo di email. Ricorda che un'email non deve essere "carina", ma deve essere **efficace**. Se stai pensando di usare un'immagine per il tuo messaggio, chiediti sempre il perché. Se stai vendendo calzature o abbigliamento ha certamente senso, ma se promuovi un servizio? Le immagini nelle email qualche volta sono utili a veicolare il tuo messaggio, ma ricorda che appesantiscono lo scaricamento e spesso danno l'impressione di spam (anche ai filtri, che mettono il messaggio nella sezione "promozioni" con grande facilità). Se devi usarle, fai comunque attenzione alla loro dimensione, non c'è una regola assoluta, ma cerca di non superare 100/200Kb.

Le immagini nel sito web

Se qualcuno ha detto "Un'immagine vale più di mille parole" (una nota curiosa: il detto è stato attribuito a Confucio, a Mao Tse Tung come a Henrik Ibsen!), per la SEO hanno valore entrambi: testi e immagini! Vediamo di fare un po' chiarezza su come scegliere le immagini per un sito web.

Formato delle immagini

I formati più comuni che incontrerai sono jpeg, png, gif e svg.
La regola d'oro per i tipi di file di immagine è il formato JPG per le foto e PNG o SVG per i loghi e le illustrazioni. In questo

modo, le immagini verranno caricate correttamente e non rallenteranno la velocità di caricamento della pagina.

Dimensione delle immagini e dei file

Quando utilizziamo un'immagine per il nostro sito (ma vale ancor più per un'email) dobbiamo fare attenzione che il file non sia troppo "pesante", in termini di memoria che occupa e quindi che non renda lenta la navigazione (file più pesanti richiedono più tempo per essere scaricati).

Il problema si complica perché in realtà quello che conta è il "peso" di tutta la pagina, quindi se abbiamo molte immagini dovremo cercare di usare file più "leggeri". Se, invece, abbiamo una sola immagine nella pagina, 100/200kB potrebbero essere dimensioni adeguate.

Esistono numerosi software per ottimizzare le immagini (Photoshop ha la funzione "salva per web"), sei sei su Mac uno molto pratico è ImageOptim.

PERLA: non c'è una regola assoluta, cerca di bilanciare fra immagini non troppo pesanti ma che abbiano una buona qualità.

Il nome delle immagini

I nomi delle immagini sul web sono molto importanti per la SEO. Se adesso Google usa sistemi di AI per interpretare il contenuto di una foto, basta fare una ricerca per capire che il testo che si è scelto per il nome del file viene usato dal motore di ricerca per classificare la foto.

Inoltre, non vanno sottovalutati i sistemi per bloccare le pubblicità (gli Spamblockers): se per un'immagine usi un nome "sospetto" (per esempio che abbia il testo "adv" all'interno), questi filtri potrebbero impedire la visualizzazione dell'immagine all'utente.

PERLA: per le immagini usa nomi descrittivi, legati alle parole chiave per le quali vuoi essere trovato sui motori di ricerca. Quindi: evita di chiamare un'immagine "DSC2435.jpg", meglio "maglietta-rossa.jpg".

Le Call To Action

La CTA: il momento dove si chiede al cliente l'azione desiderata (acquisto, iscrizione, download di un file, etc) generalmente tramite un pulsante o anche solo un link testuale.

> È meglio un pulsante o un link testuale? Un pulsante rosso o uno verde? Spesso viene preferito il bottone per motivi puramente estetici, ma non fare questo errore. Solo un test (magari un A/B test, vedi la descrizione nel glossario) può dire cosa funziona meglio, e non pensare di aver risolto il dubbio una volta fatto un solo test! La prova è valida solo per il contesto nel quale l'hai fatta. Tutto cambia una volta che si cambia l'azione richiesta, la pagina nella quale metto il pulsante, etc. La verità? Fai tanti test e fatti un'idea di quello che funziona meglio per il tuo caso, magari facendo test per ogni tipologia di call-to-action che pensi di utilizzare nella tua strategia (**esempio: iscrizione newsletter, acquisto, lista dei desideri richiedono 3 test separati**).

Il testo della call-to-action può aiutare moltissimo, spingendo l'utente ad agire. Per questo vale la pena dedicarci del tempo. Tanto per fare un esempio famoso "Acquista con un click" è una CTA molto efficace di Amazon.
Quello che consiglio a ogni digital marketer è di crearsi una **raccolta di CTA:** un file con varie call suddivise per intenti (acquisto, richiesta informazioni, iscrizioni). Una volta che la tua lista sarà abbastanza lunga, quando avrai da scrivere una CTA troverai probabilmente quella più adatta nella tua raccolta.

Comunicare

A.I.D.A.

Ho conosciuto il modello AIDA a un corso sulle tecniche di vendita e l'ho poi trovato molto utile in tanti altri contesti di marketing. Puoi infatti applicare questo modello alla struttura di qualsiasi contenuto come un'email o una landing page.

L'idea è quella di dividere in 4 fasi una trattativa di vendita: attenzione, interesse, desiderio, azione (Attention, Interest, Desire, Action in inglese).

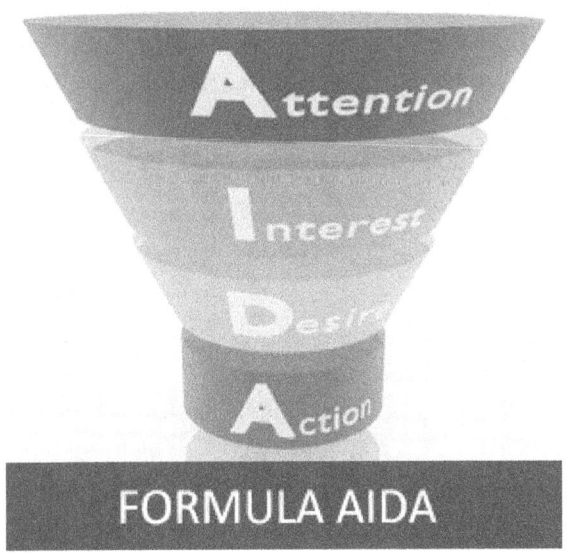

Attenzione

Che si tratti di un'email come di una telefonata, il primo obiettivo è quello di catturare l'attenzione del nostro interlocutore. In questa fase non dobbiamo descrivere il nostro prodotto, parlare di prezzi o altro: non svelare troppe cose. È tipico il caso dell'oggetto di un'email: se spieghi troppo, molte persone non apriranno il messaggio.

Interesse

Qui dobbiamo creare un momento nel quale il cliente veda la connessione fra il nostro prodotto/servizio e i benefici che può trarne, il "problema che risolve".

Desiderio

Qui dobbiamo "spostare" il cliente da una fase di "mi interessa" a "lo voglio". Deve percepire il miglioramento della sua condizione quando avrà acquistato il prodotto (è interessante anche il contrario, cosa si perde se non lo compra).

Azione

La fase finale, tanto cruciale quanto spesso dimenticata. Di' al tuo interlocutore **cosa deve fare.** Che sia scaricare una brochure, fare una telefonata, iscriversi alla tua newsletter, o impegnarsi in una chat dal vivo, devi dirglielo in modo semplice ed efficace (ne parlo anche nel paragrafo sulle CTA) Prova a rivedere il tuo processo di vendita digitale: in quale fase sei?

PERLA: il segreto sta tutto nell'utilizzare il giusto messaggio nel momento della customer journey adatto. Inutile mettere una CTA se ancora non hai suscitato il desiderio, così come è inutile sollecitare il desiderio se non hai catturato ancora l'attenzione.

Prova a rivedere il tuo sito, la tua landing page, e verifica se rispetta questi criteri.

Caratteristiche, vantaggi e benefici

Probabilmente, una delle frasi più citate nel marketing è "People don't want to buy a quarter-inch drill. They want a quarter-inch hole!" (Theodore Levitt). Mi permetto di tradurla aggiungendo un ulteriore passo: le persone non vogliono comprare un trapano - e nemmeno dei buchi - **vogliono appendere un quadro!**" (e qui si potrebbe obiettare che non vogliono nemmeno un quadro, ma vogliono abbellire la casa).

Il significato di questo esempio è molto chiaro, ma quante aziende si **limitano a descrivere le caratteristiche** dei loro prodotti! Ricorda sempre che il tuo interlocutore è poco interessato alle caratteristiche, mentre far leva su vantaggi e benefici è molto più efficace.

Troverai delle definizioni formali un po' ovunque, ma evidenzio questi aspetti:

- Le **caratteristiche**, sono aspetti oggettivi legati al prodotto, specifiche tecniche e misure, che spesso sono vanto dell'imprenditore.
- I **vantaggi** sono qualcosa di più interessante per l'utente, perché evidenziano quelle caratteristiche che contraddistinguono proprio quel prodotto rispetto a un altro.
- I **benefici** sono invece legati direttamente all'utilizzatore finale, quel "What's in it for me" di cui parlo in questa pagina.

Per ogni tuo prodotto o servizio, ti consiglio vivamente di creare una tabella tre colonne. Per le caratteristiche sarà molto semplice. Vedrai che invece sarà più complesso identificare vantaggi e benefici, ma sono quelli che saranno da guida per tutta la tua strategia comunicativa. Una volta identificati i benefici al cliente, potrai far leva su questi ultimi negli annunci delle campagne pay per click, nelle landing page e in tutti gli altri canali, incrementandone notevolmente l'efficacia e quindi il ritorno dell'investimento (ROI).

Web analytics

Parlo dell'analisi dei dati web, perché investire investire tempo e denaro in una attività online senza aver messo in pratica un valido **piano di misurazione** è come navigare senza bussola.

È importante chiarire subito quello che la web analytics non permette: capire il perché certe cose accadono. Infatti, grazie ai dati che offre, potrai vedere, per esempio, che in un dato giorno il sito ha ricevuto meno visite del solito, e che magari ha ottenuto più conversioni. Quello che però non vedrai dalle analitiche è il perché certe cose accadono. Se, per esempio, le vendite sono calate in un certo giorno, grazie a un report di Google Analytics potrai accorgentene, ma per capire il perché è accaduto devi fare delle riflessioni o usare strumenti che vanno oltre la web analytics (per esempio potresti scoprire che i costi di spedizioni sono stati aumentati quel giorno, oppure è stato spostato un bottone).

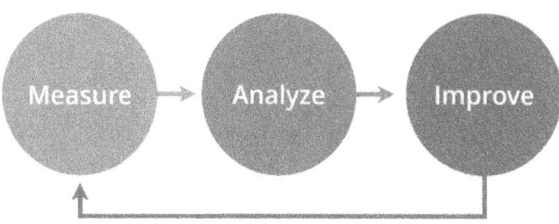

Una volta che abbiamo a disposizione i dati, si può procedere con l'analisi che ci aiuterà a migliorare il nostro sito, landing page o app.

Per esempio, decidiamo di misurare le ricerche che gli utenti effettuano tramite la barra di ricerca del nostro sito. Se scopriamo che un elevato numero di persone cerca la parola "contatti", potrebbe significare che abbiamo un problema di navigazione: la pagina "contatti" potrebbe essere difficile da raggiungere. Risulta chiaro che dalla misurazione siamo passati, grazie all'analisi, a individuare un punto migliorabile del nostro sito.

PERLA: per creare una piano di misurazione efficace, inizia con l'individuare quali sono le **domande** alle quali si vuole rispondere. È infatti inutile navigare fra i report di qualsiasi tool se prima non sai **cosa** cercare.

I tool principali

Vediamo una carrellata degli strumenti di cui proprio non puoi fare a meno. Per parlarne in modo approfondito non basterebbe un libro per ogni strumento, ma qui voglio dare indicazioni generali per metterti in grado di sapere quando devi usare uno di questi tool per risolvere il tuo problema.

Google Analytics

È uno strumento gratuito (che ha alcune limitazioni, per siti con grandi volumi di traffico esiste la versione 360, molto costosa). È molto potente ed ha integrazioni utili con altre applicazioni Google (fra cui Google Ads).

Attualmente è in fase di transizione alla versione GA4, che è stata completamente rivista dalla base.

Google search console

Mentre Google Analytics dà informazioni sugli utenti del tuo sito: quante visite arrivano in un giorno, quali sono le pagine più visitate e quali azioni fanno gli utenti (come mettere un prodotto nel carrello), Search Console è diverso in quanto "vede" il sito dal punto di vista del motore di ricerca, fornendo dati che possono aiutare i proprietari dei siti a migliorare la visibilità e la presenza nelle SERP. Per esempio, puoi vedere quali pagine Google ha indicizzato e quali no, a volte indicandone il motivo.

Google Tag manager

Più o meno tutti questi strumenti di analisi prevedono che si inserisca del codice (detto Tag) nel proprio sito, che permette di trasferire dati come il numero di visite, da quale sorgente sono arrivate e molto altro. Per inserire questi codici è spesso necessario l'intervento di un programmatore, oppure si può utilizzare un sistema di gestione dei tag.

Google Tag Manager (che spesso troverai abbreviato in GTM) non è infatti uno strumento di analisi, è un sistema di gestione dei tag (TMS) che ti permette di aggiornare rapidamente e facilmente i codici di misurazione e i relativi frammenti di codice - detti appunto Tag - sul tuo sito web o applicazione mobile.

È uno strumento davvero molto potente, che semplifica molte attività tecniche. Ti consiglio di studiarlo a fondo, magari con un buon corso.

PERLA: Google offre corsi gratuiti molto ben fatti su tutti questi strumenti:

 https://analytics.google.com/analytics/academy/

Tool vari

Esistono moltissimi altri strumenti, solitamente a pagamento, che vengono utilizzati da molti professionisti. Due prodotti molto famosi fra i SEO sono SEMRUSH e SEO ZOOM. Sono tutti strumenti molto validi, che possono aiutare, specialmente quando si lavora a siti complessi, con molte pagine.

Tieni presente che nessuno strumento, ad oggi, fa miracoli, **non lasciarti incantare da funzionalità SEO che promettono chissà cosa**. Quasi tutti prevedono degli avvisi automatici che ti suggeriscono delle modifiche da fare al sito, di solito sono suggerimenti corretti, ma non pensare che abbiano poi un impatto così rilevante nel posizionamento del tuo sito.

PERLA: una riflessione: attenzione a come usi i dati. A volte, le statistiche sono utili per adottare azioni che potrebbero anche essere apparentemente in contrasto con le informazioni che hai ottenuto.

Un esempio.
Il dato: il 43% dei webinar nel 2021 sono iniziati fra le 15:00 e le 19:00.

Puoi usare questa informazione in due modi:
1. Prova a organizzare i tuoi webinar durante questo orario e verifica se le registrazioni e il tasso di partecipazione aumentano.
2. Prova a pianificare il webinar in un orario diverso, magari riesci a emergere rispetto agli altri.

Il sito web

Quanto costa un sito web?

Una cosa che ho imparato negli anni: questa domanda è davvero poco professionale. Un sito può costare da 1000€ a milioni di euro (e, bada bene, la cosa può aver senso in entrambi i casi).

Il problema nasce dal fatto che "sito web" è un'indicazione davvero troppo generica. Vuoi realizzare un e-commerce? Quanti prodotti dovrai gestire? Avrai un solo listino o ti occorrono listini diversi a seconda del tipo di utente? E quanti utenti prevedi di avere al giorno?

PERLA: una domanda fondamentale che chi pianifica un business deve farsi è "Quanto prevedo di guadagnare"? Da questa poi si ricaveranno le altre risposte.

Non dico che devi prevedere il futuro! Ma devi pianificare e darti degli obiettivi. Non è detto che li raggiungerai, ma non puoi navigare senza un timone.

Una volta ben definiti gli obiettivi, sarà possibile affrontare il progetto di conseguenza. Potrebbe accadere che quello che vuoi realizzare non sia fattibile con una piattaforma disponibile in commercio e magari sarà necessario uno sviluppo custom.

Un'ultima considerazione sul costo di un sito. Troppo spesso ho visto ignorare **la sicurezza**. La protezione dei dati degli utenti, ma anche mettere in atto tutta una serie di precauzioni per evitare che qualche malintenzionato possa accedere alla tua applicazione, ha un costo che è indispensabile affrontare.

PERLA: anche se non raccogli dati degli utenti e non hai sistemi di pagamento nel sito, la sicurezza è da curare sempre al massimo. Mi è capitato di vedere dei semplici siti "vetrina" violati, per poi utilizzare il server per invii massivi di posta (SPAM): il risultato può essere catastrofico, il tuo dominio potrebbe essere messo in blacklist e le tue email saranno bloccate dai filtri antispam (per un'azienda equivale a un costo elevatissimo).

CMS o sviluppo custom?

Anche questa è una domanda che non può avere una risposta universale. Se è vero che la maggior parte dei siti è realizzata con Wordpress, non è detto che sia la soluzione ideale.
Anche in questo caso, la cosa migliore per capire quale sia la scelta migliore è partire da delle domande:

- Che funzionalità dovrà avere il sito? (e-commerce, vetrina, prenotazione online, etc.)
- Chi aggiornerà i contenuti del sito?
- Con quale frequenza li aggiornerà?
- Chi gestirà la parte tecnica?
- Che performance mi occorrono?

In linea generale, posso dirti che un CMS come Wordpress offre già di base tutta una serie di funzionalità (e se manca qualcosa puoi aggiungere un plugin), ma di contro potrebbe essere più difficile da personalizzare per esigenze specifiche. Un altro aspetto debole dei CMS che trovi già pronti è la sicurezza. Un CMS sviluppato ad hoc potrebbe, infatti, essere molto più sicuro. Anche qui non c'è una regola assoluta: se il tuo sito Wordpress è gestito da persone competenti, dovrebbero essere in grado di renderlo meno vulnerabile.

PERLA: una fonte preziosa per capire se l'esperienza utente del tuo sito è buona è Google! Come usarlo per comprendere se il tuo sito soddisfa gli utenti? Cerca il tuo dominio o il tuo brand e, se nei suggerimenti di Google trovi qualcosa come "[brand] login", ci sono ottime probabilità che gli utenti abbiano difficoltà a trovare il login nel sito, oppure che il numero verde non sia bene evidenziato.

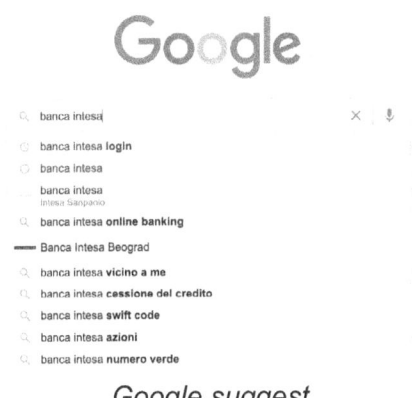

Google suggest

38

SEO

Vediamo in questa parte del libro gli aspetti fondamentali per l'indicizzazione e posizionamento di un sito nei motori di ricerca. Non vuole certo essere un manuale SEO completo: l'obiettivo di questa sezione è quello di fornire una solida base dalla quale partire, nonché quello di sfatare alcuni miti che purtroppo circolano in rete.

Un primo, fondamentale suggerimento: pensare a Google come a un "nemico" che non mostra il tuo sito nei primi risultati è la cosa più inutile e dannosa che puoi fare.

La nostra missione è organizzare **le** informazioni **a livello mondiale e renderle** universalmente accessibili **e** utili.

Come dice la Mission di Google, il motore nasce per rendere le informazioni accessibili e utili ed ha quindi tutto l'interesse nell'indicizzare (per organizzarli) i tuoi contenuti (per renderli accessibili).

Un detto, credo di origine ignota, cita:

*"Quando il saggio indica la **luna**, lo stolto **guarda il dito**"*

Se Google ha come missione quella di accontentare gli utenti,

rispondendo alla loro richieste con contenuti utili, la strada è molto chiara: non devi guardare Google (il dito), ma studiare i tuoi utenti (la luna) per dar loro quello che stanno cercando.
Non devi chiederti "perché il mio sito non è nei primi risultati (per una certa keyword)?" - sbagli proprio la domanda - chiediti "perché Google dovrebbe posizionarmi prima di tanti altri siti (per una certa keyword)?".
La strada per farlo la indica in modo estremamente dettagliato John Mueller, per questo la riporto qui integralmente:

"So instead of trying to work back how Google's algorithms might be working, I would recommend trying to figure out what your users are actually thinking and doing things like user studies, inviting a bunch of people to your office or virtually to show them something new that you're providing on your website and ask them really hard questions where sometimes the answer might be we don't like your website, or we were confused by your website, or we don't like the color of your logo or something."

Per comodità lo traduco:
Quindi, invece di cercare di capire come funzionino gli algoritmi di Google (non lo sa nemmeno Google! nda), raccomanderei di cercare di capire quello che i vostri utenti stanno davvero pensando, di fare studi sugli utenti, magari invitando un gruppo di persone nel vostro ufficio o virtualmente, per mostrare loro qualcosa di nuovo che state fornendo sul vostro sito web. Dovreste fargli domande critiche, dove la risposta potrebbe essere che non gli piace il vostro sito web, o che il vostro sito web non è chiaro, o che non gli piace il colore del vostro logo o qualcosa del genere.

Ho qualche dubbio che chiedere agli utenti se piace loro il colore del logo possa essere utile per la SEO, ma secondo me la parte importante del suggerimento sta nel cercare di capire quello che gli utenti pensano, inteso come "quello che cercano, perchè lo cercano e che tipo risposte vorrebbero".
Cercavi il "trucco" per essere primi su Google? Eccolo: offri ai tuoi utenti la risposta più **pertinente** alla loro domanda, rispetto alle risposte degli altri concorrenti.

PERLA: qual è l'obiettivo della SEO? Portare traffico al tuo sito non è la risposta giusta. L'obiettivo è di portare traffico **in target**. È assolutamente inutile portare sul sito utenti che non sono interessati ai tuoi prodotti/servizi, anzi, è dannoso: è traffico che consuma risorse (server, banda, etc.).
Quindi tutti gli sforzi SEO devono andare nella direzione di portare utenti potenzialmente interessati (come vedremo nel capitolo dedicato alle keyword, è possibile dividere gli utenti in categorie in base al loro grado di interesse).

La giusta terminologia

Le parole sono importanti, chiariamo subito questi termini, visto che spesso c'è una certa confusione.

Indicizzazione

L'inserimento nell'indice del motore di ricerca del sito e dei suoi contenuti, che avviene grazie all'attività di scansione dei crawler (o Bot).

Posizionamento

Con il termine posizionamento s'intende l'acquisizione di visibilità tra i risultati dei motori di ricerca.

Ottimizzazione

Le attività volte a migliorare la scansione, l'indicizzazione ed il posizionamento di un'informazione o contenuto presente in un sito web, da parte dei crawler

Indicizzazione

Rendiamo il sito ben accessibile ai bot dei motori di ricerca. Tra le cose indispensabili segnalo:
- Una struttura ben progettata
- Una buona navigazione interna nel sito, i link interni.
- Una sitemap XML

Presenta al motore di ricerca (e agli utenti) una **struttura ben progettata**. Un uso corretto di categorie e sottocategorie aiuterà a capire meglio il tuo sito. Non esagerare però con i livelli: le pagine importanti dovrebbero essere sempre a poca distanza (click) dalla home page.

Una **buona navigazione** del sito è fondamentale per gli utenti, ma anche per i motori di ricerca. Se avrai fatto un buon lavoro con la struttura, anche la navigazione sarà più semplice.

PERLA: se vuoi agevolare l'indicizzazione di pagine particolarmente importanti, metti un link nel footer del sito.

La sitemap è utile anche perchè puoi inserirla tramite search console (tool utilissimo per la SEO) con la quale verificherai la corretta indicizzazione di tutti i contenuti del tuo sito.

Infine, ricorda che non ci sono solo i bot, ma anche essere umani! I quality raters sono persone incaricate da Google per "valutare" i siti. Una bella lezione per capire come Google "giudica" i siti viene proprio dalle loro guideline che puoi scaricare a questo link:

 https://static.googleusercontent.com/media/ guidelines.raterhub.com/en//searchqualitye valuatorguidelines.pdf

Ottimizzazione

Non è un caso se ci sono libri e corsi che insegnano a ottimizzare un sito per i motori di ricerca, ma voglio riassumere in una pagina una checklist che, se seguita appieno, è sufficiente per portare ottimi risultati.

1. Keywords nel <title> tag
Viene mostrato nei risultati e i motori gli danno molta importanza. Metti le keyword in prima posizione.
2. Keywords nell'URL
Può aiutare, meno di un tempo, ma deve essere presente anche in altri punti.
3. Densità delle keywords
Intorno al 5% per key importanti, meno per key minori. Il 10% è keyword stuffing
4. Keywords negli anchor text
Molto importante specie per gli inbounds link. Praticamente

dei voti da altri siti sulla pertinenza alla key del nostro sito.
5. Keywords negli headings (H1, H2,..)
Aiutano, ma fai attenzione che il documento sia coerente, ben strutturato.
6. Quanti H1?
Google dice fate come vi pare. Io preferisco metterne 1.
7. Keys e links all'inizio
È cosa buona metterli all'inizio del documento
8. Keys negli <alt> Tag delle immagini
Bene, ma occhio anche ai nomi dei file.
9. Keys nel meta tag keywords
Lascia perdere.

PERLA: per vedere come Google e i vari social network mostreranno il tuo sito, usa questo tool:

 https://metatags.io/

I link

Un tempo si diceva che i link al tuo sito erano come "voti" degli altri siti, che Google considerava molto per il posizionamento. Era vero, ma le cose sono cambiate parecchio, anche perchè molti SEO dell'ultima ora compravano link per cercare di migliorare la posizione dei siti dei loro clienti (e qualcuno lo fa ancora oggi).

Evita di comprare link, è tempo perso. Può funzionare per un po', ma prima o poi rischi solo di peggiorare le cose.

Agisci al contrario: **fai in modo che il tuo sito sia "degno" di essere linkato**. Crea risorse utili per gli utenti, articoli che gli altri condivideranno con piacere, video guide che insegnano davvero qualcosa.

Pensa a Google: è diventata una delle aziende più grandi del mondo per aver offerto agli utenti uno strumento utile per navigare nel web.

PERLA: troverai un sacco di guide online che spiegano come ottenere link, lasciale perdere. Quando progetti il tuo sito, mettiti nei panni degli utenti: mi è utile? Somiglia a mille altri siti? È degno di fiducia? Queste sono le domande che ti portano al successo nella SEO.

E, se davvero vuoi leggere una guida, leggi quella di Google:

https://developers.google.com/search/docs/beginner/seo-starter-guide?hl=it

Content marketing

La frase "content is the king" ha creato dei veri mostri! Una quantità infinita di blog pieni di articoli che non aggiungono niente di valore. Quella frase è stata davvero interpretata in modo sbagliato. Il contenuto è sicuramente importante, anzi, un sito non è niente senza contenuto: può essere realizzato con la migliore piattaforma CMS e con tutte le regole SEO del mondo e se non c'è un contenuto di valore non ha senso, ma non basta. Deve anche essere originale. Veniamo al dunque: cosa serve? Tanto lavoro, tanto tempo e competenza. Chi dice il contrario (e ce ne sono molti), mente.

Chiariamo quindi i concetti fondamentali:

- Scrivere un'enciclopedia online non è necessariamente una strategia vincente ;-)
- Un articolo deve essere lungo quanto deve essere lungo, scusa ma è la verità
- No a contenuti duplicati. Anche se non porta penalizzazioni (fonte: John Mueller, Google)
- Aggiornare un articolo è bene
- Dimentica le parole chiave. Non perché non siano importanti, ma servono per impostare la strategia, per decidere il tuo piano editoriale, non per metterle 2 o 3 volte in un articolo. I contenuti vanno scritti in modo **naturale**.

John
@JohnMu

Having the same word-count as a top-ranking article isn't going to make your pages rank first, just like having a bunch of USB chargers isn't going to get you to the moon. But, I'm still tempted to buy some of those USB chargers...

Ma la vera regola per fare un buon contenuto è questa: scrivere il miglior articolo sul tema che hai scelto. Anzi, come dice anche MOZ, il tuo articolo deve essere 10 volte migliore. Tutte le scorciatoie portano a risultati effimeri (nel migliore dei casi).

Una semplice strategia per scrivere contenuti

Scrivere una serie di post sui tuoi prodotti e servizi non è una grande strategia, rischi solo di essere ignorato. Devi offrire quello che la gente cerca.

Piuttosto, fai una rapida ricerca su Google per scoprire quali sono le domande che le persone fanno di solito e rispondi a quelle domande.Ecco un metodo in 5 step incredibilmente facile:
1. Inserisci una parola o una frase chiave in Google.
2. Scegli una frase
3. Guarda l'elenco "Anche le persone chiedono".
4. Registra l'elenco delle domande
5. Scrivi le risposte: usa una foto, scrivi un paio di paragrafi o fai un breve video tutorial.

Forse in questa citazione di John Mueller c'è tutto quello che serve per scrivere contenuti vincenti su Google:

"My goal would be to not create a mass of content, but rather to create a reasonable collection of fantastic content. Work to make your content known to your audience - find them, reach out to them, advertise to them if you need to. In the beginning, act as if search engines don't exist, and assume you won't get any traffic from search. Search engines won't know that your content is great if there are no signals confirming that, so first build your audience. Keep them engaged, keep them coming back, don't publish just because you can, but rather publish if you have something unique, compelling, and high-quality to add to the

internet. *If you can keep your audience - the one you're promoting your work to - returning, if they recommend your site on their own, over time search engines will pick up on it too, and metrics like the DA will grow too (assuming it's something link-based). The long-term approach is not a quick jump to #1, it takes work, and you have to bring your content to your audience first, they won't just find you on their own. Short-term hacks might get some metrics to move, but it won't last, and you'll be back here, or starting over, soon enough."*

Velocità del sito

L'argomento meriterebbe un intero libro, il problema con la velocità dei siti è che sentirai opinioni diametralmente opposte: chi ti dice che è importante avere un punteggio AA sul tuo sito (nei gruppi Facebook c'è chi espone i dati come se avesse vinto una gara!), e chi dice che non serve a niente.

Google ha il suo tool gratuito per misurare le prestazioni di un sito:

 https://pagespeed.web.dev/

ma ce ne sono molti altri, a fine capitolo trovi un elenco di quelli principali.

Diciamo così, la velocità è un parametro che riveste un'importanza fondamentale per l'utente. Se il tuo sito è lento, gli utenti possono "stancarsi" e abbandonare la navigazione. Quindi la velocità ha un impatto molto grande sull'esperienza utente, che Google tiene in alta considerazione. Allora se rendo il mio sito più veloce, di conseguenza salirò di posizione nelle SERP? Forse, non c'è una correlazione così diretta. Diciamo che è una condizione necessaria, ma non sufficiente. Quello che potrebbe anche accadere è che, se il sito rallenta, potresti perdere posizioni.

In definitiva il mio consiglio è: fai tutto quello che puoi per rendere il tuo sito veloce, senza dare troppo peso se un test indica 98% o 99% (ma 20% è un valore inaccettabile).

Se cerchi dei consigli sicuri, posso suggerirti questo prezioso link che spiega con approccio scientifico le basi per poter iniziare a ottimizzare il tuo sito:

https://web.dev/vitals/

In questa pagina Google parla invece dei suoi tool, tutti molto utili:

https://developers.google.com/web/fundamentals/performance/speed-tools

Rich snippet

Negli anni, i motori di ricerca si sono molto evoluti; rispetto al passato, i risultati delle ricerche possono essere visualizzati in molti modi, in base a cosa abbiamo cercato.
Per avere risultati sui motori di ricerca con dettagli come in questi esempi è necessario implementare sul nostro sito i dati strutturati (su questo sito troverete ampia documentazione: schema.org).

Lava Lite Classic Lava Lamp, Purple/Blue - Walmart.com
Walmart › Lava-2118-Lava-Lite-Classic-...

★★★☆ ☆ Rating: 3.5 - 60 votes - $13.17 - In stock
Mobile-friendly - Buy Lava Lite Classic Lava Lamp, Purple/Blue at Walmart.com.

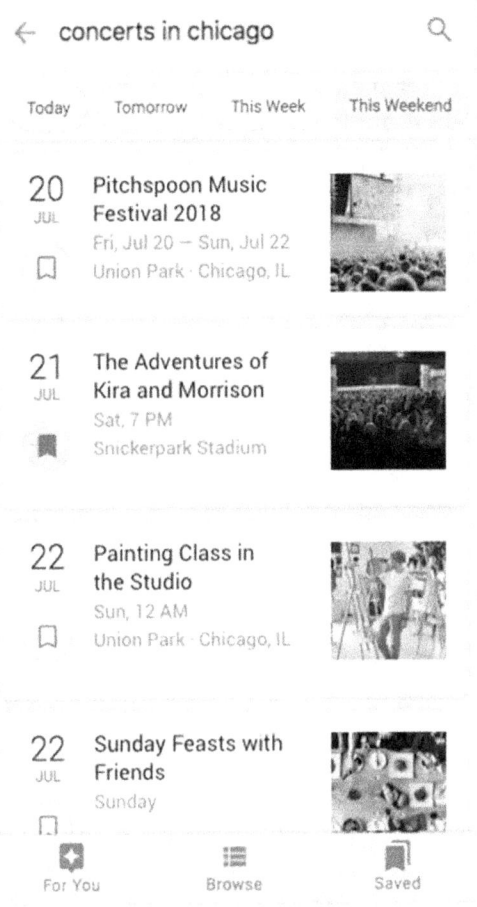

Molti CMS creano automaticamente questi dati strutturati, anche piattaforme per eventi (come Eventbrite) generano automaticamente il codice necessario in base ai dati che inserisci. In molti altri casi è, però, necessario far ricorso a uno sviluppatore, oppure a dei plugin aggiuntivi.

Una soluzione molto pratica è quella di utilizzare **Google Tag Manager** (vedi pag. 31). Con GTM è possibile 'lanciare" un tag con il codice Json per i dati strutturati nel proprio sito. Questo metodo è particolarmente potente perché puoi lanciare il codice solo su determinate pagine, per esempio solo le pagine prodotto che potrebbero essere tutte quelle che hanno URL che contiene /prodotti/.

Le parole chiave

Per le parole chiave ho previsto un capitolo dedicato. Un po' per la grande importanza dell'argomento e un po' perché sono fondamentali sia per la SEO che per l'advertising online.

Cos'è una parola chiave

Quella del titolo sembra una domanda banale, ma non lo è. Al di là delle definizioni che possiamo dare (ma non lo faccio, te l'avevo detto che non è un libro normale), una parola chiave evidenzia **un'intenzione di ricerca di una persona**. Perchè le persone cercano qualcosa (online)?
Per esempio per:

- Risolvere un problema
- Imparare qualcosa
- Scegliere un prodotto da acquistare

È importante capire quale sia l'intento di ricerca per poi capire se una parola chiave è interessante o meno per la nostra strategia. Una ricerca "Prezzo Iphone" sarà molto probabilmente più interessante per un rivenditore, mentre "sostituire vetro Iphone" potrebbe interessare un'attività di assistenza.

Come cercare le parole chiave

Una cosa importante sulle parole chiave che nessuno ti dice: non c'è una regola assoluta per trovare quelle più adatte. Per alcuni settori è facilissimo trovare milioni di parole chiave adatte, per altri invece i tool potrebbero non dare alcuna indicazione.

I tool, bene o male, riportano dati quando un termine è molto cercato: questo ha un impatto notevole sul modo che devi usare per cercarle.

Se hai un prodotto/servizio originale o di nicchia (e da molti punti di vista te lo auguro), dovrai fare un lavoro molto manuale (anzi, mentale), perchè non troverai grandi suggerimenti dai vari strumenti (alla fine di questo paragrafo ho messo una lista di quelli che ti consiglio). Dovrai quindi cercare di usare un po' tutti i tool e dopo dovrai usare la tua intelligenza per capire quali parole sono utili e quali da evitare.

Al contrario, se ti trovi a pubblicizzare un prodotto comune, dove hai molta concorrenza, i tool ti daranno tantissime parole chiave, troppe per gestirle manualmente. Qui dovrai fare dei filtri, fidandoti di parametri come il CPC (Cost Per Click - vedi glossario alla fine) stimato, il tasso di competitività e, non ultimo, il volume di ricerca.

Molto utile in questo caso il keyword planner di Google, che permette di fare anche delle stime di costo di una possibile campagna.

Strumenti utili per la ricerca di parole chiave

Di seguito gli strumenti che ho trovato veramente utili per la ricerca di parole chiave:

https://ads.google.com/home/tools/keyword-planner/ *

https://app.neilpatel.com/

https://www.suggestmrx.com/index-en.php

https://www.evemilano.com/keyword-tool/

https://neilpatel.com/it/ubersuggest/

https://soovle.com/

https://www.infinitesuggest.com/

https://searchresponse.io/

* per usare il keyword planner di Google devi creare un account Google Ads (è gratuito).

Le parole chiave dei competitor

Se i tuoi concorrenti sono sul mercato, vuol dire che qualcosa di buono avranno fatto! Analizzare i competitor, soprattutto quelli bravi, può essere di grande aiuto per la tua keyword strategy. Dando per scontato che avrai a questo punto già fatto un elenco delle tue aziende concorrenti (magari con delle note sulle tue impressioni, i dati di traffico, etc.), puoi ora cercare di capire quali siano le parole chiave alle quali stanno mirando. Molti articoli ti consiglieranno a questo punto qualche tool online per vedere quali sono le parole chiave che portano traffico ai tuoi concorrenti: non è quello che ti consiglio. Certo, può essere di qualche utilità, assumendo che la loro SEO sia molto efficace, ma quello che ti proponevo sopra è di cercare le parole chiave per le quali **vorrebbero essere indicizzati**. Come fare? Una buona approssimazione la raggiungiamo guardando i title TAG e gli headings H1 delle loro pagine (lo puoi fare a mano, oppure utilizza Screaming Frog SEO Spider, anche nella versione gratuita). I title TAG e gli headings H1, se hanno fatto un minimo di lavoro SEO, ti faranno capire la loro strategia per quanto riguarda le parole chiave.

PERLA: usa i suggerimenti di **Google suggest** per migliorare il tuo sito. Cercando, per esempio, il tuo dominio su Google ti potrebbe capitare di vedere fra i suggerimenti qualcosa tipo "[il tuo dominio] + login" oppure "[il tuo brand] + login". Questo significa che gli utenti stanno cercando - e probabilmente non la stanno trovando - la pagina del tuo sito dove fare il login! Rendila più accessibile.

PERLA: un trucco per trovare parole chiave remunerative: **mettile in ordine di CPC**. Troverai le parole per le quali i tuoi concorrenti sono disposti a pagare: sono quindi termini che probabilmente hanno un valore transazionale, potrebbe quindi aver senso usarle per la tua SEO e la content strategy.

Le penalizzazioni

Su questo argomento c'è davvero molta confusione. In genere è davvero **molto raro** che ci si imbatta in una vera penalizzazione (azione di Google nei confronti del mio sito che ne riduce il posizionamento o addirittura che toglie il sito dall'indice).

Il nostro sito compete nelle SERP con **1,196,298,727** siti web: se vediamo un calo di posizioni la cosa più probabile è che un sito sia salito e noi siamo scesi, perchè il loro SEO è stato più bravo ma anche per innumerevoli motivi difficili (e a volte impossibili) da identificare.

Alcuni miti da sfatare

- Se pubblico un articolo nel mio sito che avevo già pubblicato altrove vengo penalizzato. Falso, semmai viene privilegiata la prima pubblicazione.
- Se metto link verso altri siti vengo penalizzato. Falso, può essere vero il contrario.
- Molti errori 404 portano a una penalizzazione

- Un sito lento viene penalizzato. Falso, un sito veloce viene favorito.

E quindi? Come per la velocità del sito, molte cose non portano una penalizzazione, ma fare le scelte giuste, rispettando le linee guida, porta a far sì che Google favorisca il nostro sito rispetto ad altri.

Vale la pena rimarcare che **non esiste una penalizzazione per contenuti duplicati!** Probabilmente non mi crederai, perché molti online ne hanno parlato (e continuano a farlo) come cosa certa, ti invito quindi a scaricare questa "dichiarazione ufficiale" di Google in merito:

https://developers.google.com/search/blog/2008/09/demystifying-duplicate-content-penalty

Marketing management

Niuna impresa per minima che sia può avere cominciamento e fine senza queste tre cose: cioè senza sapere, senza potere, senza con amore volere
(Anonimo fiorentino del '300)

La gestione delle attività di marketing operativo, tutte quelle azioni da fare previste nel piano, la verifica dei risultati e le eventuali modifiche, sono un punto essenziale che spesso mette in difficoltà i neofiti. Per esperienza ti posso dire che in molti casi un buon piano viene rovinato da una cattiva gestione operativa.

Che tu faccia parte di un team o che tu sia la sola risorsa che si occupa di marketing in azienda, è utilissimo conoscere un po' di buone pratiche per organizzare le attività.

Semplificando un tema che richiederebbe un libro a parte, vedremo qui due aspetti principali: il business plan e come metterlo in pratica.

Business plan, perché averlo

Perchè devo scrivere un piano di marketing? Una frequente obiezione alla pianificazione che ho sentito è che non è possibile prevedere il futuro. Questo è vero, il problema è che si fraintende il concetto di pianificazione. Devi avere un piano dettagliato, un binario sul quale viaggiare, proprio perché non puoi prevedere il futuro. Non sai cosà accadrà, ma se hai un piano, potrai verificare in ogni momento quanto ti stai spostando da quelle che erano le aspettative. Soprattutto, potrai fare variazioni al piano in base a queste analisi. La realizzazione di un piano di marketing richiede molte competenze e va ben oltre allo scopo di questo libro; qui voglio però darti suggerimenti - che difficilmente troverai altrove - su come pianificare le azioni che sono previste del business plan.

La gestione operativa

Come dicevo sopra, un buon piano di marketing può fallire a causa di una cattiva gestione. Lo scopo di una buona gestione è quello di sapere sempre quello che c'è da fare, chi lo deve fare e quando.

Tutti ci siamo trovati una mattina a chiederci cosa dobbiamo fare, altre volte invece siamo sopraffatti da mille attività. Una buona gestione serve proprio per evitare queste situazioni, organizzando le proprie attività e/o quelle del proprio team.

Kanban e gestione agile

Che tu decida di utilizzare Trello, Basecamp o un altro tool, se lavori in team devi decisamente utilizzare uno di questi tool che più o meno si basano tutti sul concetto di Kanban Board.

Una Kanban board non è altro che una "lavagna" dove scrivere le varie attività (i task) da fare, quelle che state facendo e quelle fatte. Solitamente queste attività sono suddivise in colonne "To Do", "Doing", "Done".

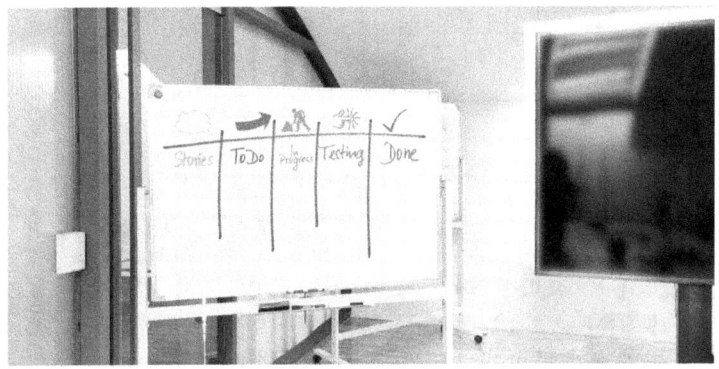

Le tre colonne che ti ho indicato le considero indispensabili, ma sei libero di aggiungere altre colonne come "idee", "in revisione" o altri concetti. Ti consiglio però di non esagerare, direi che 6 colonne sono il massimo.

Il concetto è tanto semplice quanto utile: crea un'attività (card) nella colonna "To Do", quando la persona inizia a lavorarci la mette "Doing", quando l'ha finita la mette in "Done" (oppure "in revisione").

I tool di cui parlavo sopra ti aiuteranno molto.

Una regola importante: se usi una board, devi metterci tutte le tue attività (lavorative), non devi "farti sconti". Le board sono uno strumento potente, quello che rimane dalle liste fuori rischia di creare problemi a tutta l'organizzazione.

I metodi agili prevederebbero che chiunque nel team, se è libero, dovrebbe poter "prendere" (assegnarsi) una card dal To Do. Nei team marketing questo non è sempre possibile, ci potrebbero essere figure specializzate; ciononostante, cercare di mantenere una certa interscambiabilità nei ruoli rende il team più veloce, più efficiente.

Il responsabile del team, che deve coordinare le riunioni e fare in modo che la board sia sempre tenuta "pulita".

Alcuni consigli:

- La colonna "Doing" è bene tenerla ordinata per priorità;
- I task più lunghi devono avere un segnale, qualcosa che li evidenzi, vanno tenuti sotto controllo;
- Limitare la lista ToDo, ma soprattutto Doing (una a persona, che fa una cosa alla volta);
- Un task è finito quando è davvero finito (so che sembra banale, ma una brochure è finita quando è arrivato il pacco con le stampe, non quando hai fatto l'ordine);
- Cercare sempre di stimare i tempi;
- Auspicabile: non iniziare un'attività finchè non hai finito quella che avevi in "Doing".

Le riunioni del team

Consiglio di pianificare due tipi di riunione: una riunione settimanale di circa 1 ora il lunedì e un daily meeting di circa 15 minuti ogni giorno. La riunione lunga è utile per parlare delle attività fatte nella settimana precedente e di quelle da fare. Nei daily meeting il team fa un veloce punto della situazione. Di seguito indico una traccia, che chiaramente puoi adattare alla tua situazione.

Weekly meeting

Nell'incontro settimanale, che dovrebbe durare circa 1 ora, il team discute di quello che ha fatto nella settimana precedente, se ci sono stati problemi e come risolverli.
È un incontro nel quale a volte si parla anche di obiettivi a breve medio/termine.
Si analizzano poi le attività da fare nella settimana appena

iniziata e ognuno si assegna delle card.

Daily meeting

Un incontro rapido per fare il punto della situazione. Al massimo 5 minuti per persona che parlerà di:

- Cosa sta facendo
- Cosa ha fatto
- Come va
- Può aiutare qualcuno?

Retrospettiva team

La retrospettiva è un incontro da fare ogni qualche mese, oppure alla fine di un progetto importante. Si parla di quelli che erano gli obiettivi, se sono stati raggiunti e come. Nel caso di obiettivi mancati, è importante cercare di capire quali sono stati gli errori, per non ripeterli in futuro.

PERLA: riservati del tempo per la pianificazione in modo sistematico! Per esempio, ho trovato che dedicare 1 o 2 ore ogni lunedì mattina alla pianificazione delle attività è una prassi efficace.

Letture consigliate

Anche qui voglio darti un consiglio che credo sia davvero prezioso. Senza nulla togliere ai libri e ai corsi di marketing, ricordati che si tratta di una materia che ha a che fare con le persone e la loro vita. **Cerca di ritagliarti del tempo per leggere libri che, almeno apparentemente, non hanno niente a che vedere col marketing.** Tante volte ho trovato idee mentre leggevo l'Odissea, così come I Pensieri di Marco Aurelio sono una fonte preziosa di riflessioni sul management di un team.

Tutto questo vale anche per il Cinema, la Musica, la Filosofia, lo Sport e qualsiasi altra attività umana fatta con passione.

Insomma, tieni gli occhi e orecchi aperti, "be hungry be foolish" come diceva Steve Jobs.

Ecco infine alcuni testi di marketing che mi hanno aiutato:

- Inbound Marketing (Brian Halligan, Dharmesh Shah)
- Le 22 immutabili leggi del marketing (Al Ries)
- La mucca viola. (Seth Godin)
- Don't Make Me Think (Steve Krug)
- Marketing Lessons from the Grateful Dead (David Meerman Scott, Brian Halligan)
- #Digital Business Strategy (Mauro Lupi)

Piccolo glossario di digital marketing

Vediamo i termini principali usati nel digital marketing.

ABM	Account Based Marketing: è una strategia usata nel BtoB, che consiste nell'individuare aziende target e nel progettare attività su misura per attrarre persone chiave di queste aziende. Spesso fa uso di sistemi di tracciamento che, per esempio, identificano l'utente che naviga nel nostro sito e l'azienda per cui lavora.
DEM	Direct Email Marketing: un termine che viene dalle vecchie campagne postali di direct mail marketing. Una DEM è una campagna email, che di solito promuove un prodotto o un servizio inviata a un determinato target di destinatari.
Headings H1, H2..	Elementi HTML utilizzati per definire i titoli di una pagina. Permettono di differenziare l'intestazione <h1> e le sottointestazioni da <h2> a <h6> dal resto del contenuto. Il numero da 1 a 6 determina l'importanza e la posizione di un titolo nella gerarchia generale della struttura del testo.
SEO	Search Engine Optimization: tutte quelle attività organizzate ai fini di migliorare i risultati ottenuti tramite un motore di ricerca.
PPC	Pay Per Click: un metodo impiegato nelle campagne pubblicitarie online, che appunto hanno un costo legato al numero di click che l'utente effettua (su un banner, un link, su un annuncio sponsorizzato). Si contrappone a Pay

	Per View, che è basato sul numero di volte che un banner/annuncio viene mostrato all'utente.
Customer journey	La customer journey è la somma completa delle esperienze che i clienti vivono quando interagiscono con la tua azienda e il tuo marchio. Invece di considerare solo una parte di una transazione o di un'esperienza, una customer journey documenta l'intera esperienza di un cliente.
CPC	Costo per click: l'importo che dobbiamo pagare per ogni click di un utente nel nostro banner/annuncio.
CMS	Content management system: un sistema di gestione dei contenuti è un'applicazione software che consente agli utenti di creare, modificare, collaborare, pubblicare e archiviare contenuti digitali.
CPM	Costo per mille: il costo che dobbiamo pagare per 1000 impression, mille visualizzazioni del nostro banner/annuncio.
Landing page	Una singola pagina web, ottimizzata ai fini di un obiettivo come la raccolta di contatti, la vendita di un prodotto o servizio. È solitamente il punto di arrivo alla conversione di una campagna promozionale (email, PPC, etc.).
CPA	Costo per acquisizione: è il costo che abbiamo sostenuto per ogni conversione.
SEM	La sigla sta per Search Engine Marketing, quel settore del marketing che si occupa di aumentare la visibilità di un sito web, tramite i risultati organici di un motore di ricerca

Risultati organici	I risultati della ricerca organica sono gli elenchi sulla pagina dei risultati di un motore di ricerca (SERP) che appaiono a causa di fattori come la pertinenza al termine di ricerca e gli sforzi di ottimizzazione SEO, della SEM, oppure anche grazie ad azioni contrarie alle policy dei motori!
SERP	Search Engine Results Pages l'elenco dei risultati che appare dopo una ricerca su un motore di ricerca. Si dividono in risultati organici e risultati a pagamento. Le SERP sono diventate negli anni sempre più complesse. 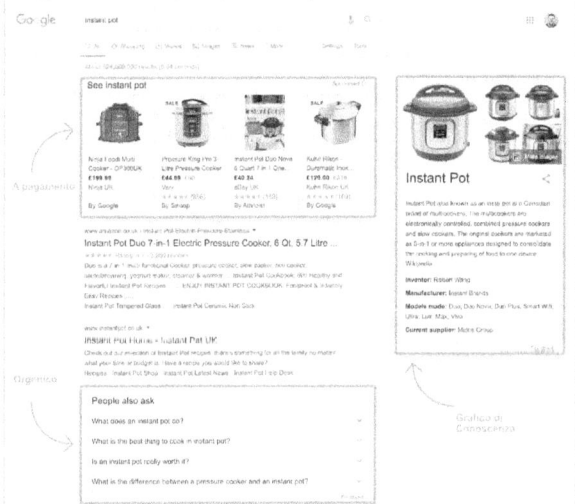
Bounce rate	La frequenza di rimbalzo è la percentuale di visitatori che abbandonano una pagina web senza compiere un'azione, come cliccare su un link, compilare un modulo o effettuare un acquisto. Un alto bounce rate è solitamente un sintomo negativo.
Blacklist	Un database continuamente aggiornato di IP o domini di email che sono stati contrassegnati come spam o come contenuti nocivi. Una volta

	inseriti in una blacklist, uscirne può essere lungo e complesso. Uno degli strumenti più conosciuti per verificare se siamo stati blacklistati è MXToolbox: 
A/B test	L'A/B test è un metodo attraverso il quale è possibile testare due diverse versioni dello stesso sito web, di un'email o una landing page (la versione A e la B). Solitamente si decide un parametro (come il tasso di click) per individuare la versione "vincente", si modifica un solo aspetto fra le due versioni (per esempio il colore di un bottone). In questo modo si può capire se quella data modifica è efficace o meno.
Redirect	I reindirizzamenti sono utilizzati per inoltrare i visitatori o i motori di ricerca da un URL a un altro. Spesso sono usati quando un sito viene aggiornato e gli URL delle pagine subiscono delle modifiche.
SPAM	Invio massivo di messaggi, solitamente pubblicitari, non autorizzato o richiesto dal destinatario.
Inbound Marketing	L'inbound marketing è una strategia di business che attira i clienti creando contenuti di valore ed esperienze su misura per loro. Mentre l'outbound marketing interrompe il tuo pubblico con contenuti che non sempre vogliono, l'inbound marketing forma connessioni che stanno cercando e risolve problemi che già hanno.

L'autore

Digital marketing manager in Develer, moderatore del forum gtconnect e docente ACTL, dal 2000 aiuta le Aziende con l'ideazione, pianificazione, attuazione e controllo di progetti complessi nel mondo del marketing digitale.

Per contatti:
info@pietromantovani.com
linkedin.com/in/pietromantovani

www.ingramcontent.com/pod-product-compliance
Lightning Source LLC
Chambersburg PA
CBHW071146240526
45465CB00024BA/1802